AF357262

SUPPLÉMENT

AU

CATALOGUE

DES LIVRES

RARES ET PRÉCIEUX

DU CABINET

DE M. L. C. D. M.

Par GUILLAUME DE BURE, fils aîné.

A PARIS,

Chez G. DE BURE fils aîné, Libraire, quai des Auguftins, près de la rue Pavée.

M. DCC. LXXIX.

AVERTISSEMENT.

Les Livres contenus dans ce Supplément complettent avec ceux d. Catalogue, à peu de chofe près, la collection des Auteurs claffiques Grecs & Latins, des meilleures Editions, en Grand Papier. Les articles les plus rares & les plus difficiles à raffembler de cette fuite fe trouvent, foit dans le Catalogue, foit dans le Supplément. Voyez dans le premier, les Nos. 626, 649, 659, 1023, 1177; & dans le fecond les Nos. 31, 33, 34, 36, 37, 39, 42, 64, 117, 126, &c. Dans l'un, les Amateurs trouveront des livres très rares, des Premieres Editions, tels que les Bibles de Jenfon, de Gering, de Servet, la Miffa Latina de Flaccus Illyricus, S. Auguftinus de Civitate Dei, 1468. Wiclefi Dialogi, les Ouvrages de Poftel, de Jordanus Brunus; un fuperbe Exemplaire des Offices de Cicéron imp. à Mayence en 1466, &c, &c. Dans l'autre, des livres modernes , tels que le Corps Diplomatique de Dumont, en grand papier ; l'Hiſtoire de la Caroline , par Catesby , celle de la Jamaïque par Sloane , le Dictionnaire des Arts & des Sciences, 33 vol. in fol. Grand Papier, M. R. les Journaux de la Chambre des Pairs , & ceux de la Chambre des Communes d'Angleterre (*). La plus grande partie des livres ont été reliés par les plus habiles Relieurs de Paris & de Londres (**).

(*) Ces deux Ouvrages ſont fort rares ; ils ne ſe vendent pas , ils ſe donnent aux Membres des deux Chambres.

(**) M. de Rome le jeune à Paris , & MM. Roger Payne & Baumgarthen, à Londres.

SUPPLÉMENT

AU CATALOGUE DES LIVRES

DE M. L. C. D. M.

THÉOLOGIE.

Saints Peres.

1 Pʜɪʟᴏɴɪs Judæi Opera, gr. & lat. cum notis Th. Mangey. *Londini, Bowyer,* 1742, 2 *vol. in fol.* Cʜ. Mᴀɢ. *cuir de Ruſſie.*

JURISPRUDENCE

2 Cᴏʀᴘs Univerſel Diplomatique du Droit des Gens, par Jean Dumont. *Amſterdam, Brunel,* 1726, 29 *vol. in fol.* Gʀ. Pᴀᴘ. *v. éc.*

3 Commentaries on the Laws of England, by William Blakſtone. *Oxford, Strahan,* 1773, 4 *vol. in* 8, *bro. en cart.*

SCIENCES ET ARTS.

Philoſophie.

4 Pʟᴀᴛᴏɴɪs ſeptem ſelecti Dialogi, græcè. *Dublinii,* 1738, *in* 8, *v. b.*

5 Epicteti Enchiridion, gr. & lat. ex recenſione

* A

& cum notis Jo. Uptoni. *Londini, Woodward*, 1741 , 2 *vol. in* 4 , Cʜ. Mᴀɢ. *cuir de Ruſſie.*

Politique.

6 Inſtitutions politiques, par Bielfeld. *Leyde*, 1768 , 2 *vol. in* 8 , *veau.*

Commerce.

7 The Univerſal Dictionary of trade and commerce : by Malachy Poſtlethwayt. *London*, *Woodfall*, 1766 , 2 *vol. in fol. v. éc.*

Hiſtoire Naturelle.

8 Caii Plinii ſecundi Hiſtoriæ Naturalis Libri XXXVII, ex recenſione & cum notis Jo. Harduini. *Pariſiis, Couſtelier*, 1723 , 5 *vol. in fol.* Cʜ. Mᴀɢ. *cuir de Ruſſie.*

9 Des Pierres Précieuſes , & des Pierres Fines , par M. Durens. *Paris*, 1776 , *in* 18 , *bro.*

10 Hiſtoire Naturelle de la Caroline , & de la Floride , par Marc Catesby. *Londres*, 1754 , 2 *vol. in fol. Max. figures enluminées. Cuir de Ruſſie.*

11 A Voyage to the Iſlands Madera , Barbados , St. Chriſtophers and Jamaica , by Hans Sloane. *London*, 1707, 2 *vol. in fol. fig. cuir de Ruſſie. Liber Rariſſimus.*

Mathématiques.

12 The Elements of Euclid, tranſlated by Robert Simſon. *Edinburg, Nourſe*, 1775 , *in* 8 , *fig. v. éc.*

13 The Doctrine of Chances : or a Method of

calculating the Probabilities of events in Play.
the third edition , by A. de Moivre. *Lond.
Millar ,* 1756, *in* 4, Ch. Mag. *v. b.*

14 Defcription and ufe of new Celeltial and
Terreftrial Globes, by G. Adams. *London ,*
1772, *in* 8 *, fig. v. m.*

Arts.

15 Dictionnaire Univerfel des Arts & des Sciences, par MM. Diderot & d'Alembert. *Paris ,
Briaffon ,* 1751 , 33 *vol. in fol. avec le Supplément.* Gr. Pap. *M .R.*

Art de la Peinture.

16 Réflexions fur la Poéfie & la Peinture, par
Dubos. *Paris*, 1755 , 3 *vol. in* 4 *, v. éc.*

17 Un Porte-feuille qui contient environ 400
eftampes de différens Maîtres François , Anglois , &c. *Cet article fera vendu en plufieurs
lots.*

18 Œuvre d'Antoine Coypel. 2 *vol. in fol.
formâ atlanticâ , fuperbes épreuves.*

19 Les Romans muets & autres Eftampes faty-
riques, charges , &c. , de William Hogarth.
in fol. Gr. Pap. *broc.*

On trouve la defcription détaillée de ces Eftampes dans le commencement du tome II , du
mois d'Octobre , 1776 , de la Bibliotheque des
Romans.

20 Tableaux Topographiques , Pittorefques ,
&c. de la Suiffe & de l'Italie *Paris , Née &
Mafquelier ,* 1777. *Les* 30 *premiers cahiers in
fol. broc.*

A ij

Architecture.

21 Dictionnaire d'Architecture , civile, militaire & navale , &c. , par M. Roland le Virloys. *Par.*1770, *3 vol. in* 4, Gr. Pap. *fig.v. m.*

Traités sur l'Equitation.

22 La Science & l'Art de l'Equitation, démontrés d'après la Nature , ou théorie & pratique de l'Equitation, par M. Dupaty de Clam.*Paris, Didot l'aîné ,* 1776, *in* 4, Gr. Pap. *broc.*

23 Equile Jo. Auftriaci Caroli V. Imp. f. cum fig. Phil. Gallæi.⹀Venationes ferarum , avium , pifcium , pugnæ beftiarum , &c. depictæ a Jo. Stradano , editæ a P. Gallæo , cum 144 figuris elegantiflime depictis. *in fol. oblong. v. f.*

BELLES-LETTRES.

Introduction à l'étude des Belles-Lettres.

24 Maniere d'enfeigner & d'étudier les Belles-Lettres, par M. Rollin. *Paris, Eftienne,* 1740, *2 vol. in* 4, Gr. Pap. *veau.*

Dictionnaires des Langues Grecque & Latine, &c.

25 Henrici Stephani Thefaurus linguæ Græcæ. *Parifiis , H. Stephanus ,* 1572, *5 vol. in fol. cuir de Ruffie.*

26 Danielis Scott Appendix ad thefaurum Græcæ linguæ H. Stephani. *Londini , Noon ,* 1745, *2 vol. in fol. cuir de Ruffie.*

27 Rob. Stephani Thefaurus linguæ Latinæ. *Londini , Harding,* 1734, 4 *vol. in fol.* Ch. Mag. *cuir de Ruffie.*

28 Abrégé du Dictionnaire de Trevoux par Berthelin.*Paris ,* 1762, *3 vol. in* 4, *veau.*

29 Dictionnaire latin & françois par Antonini. *Lyon*, 1770, *2 vol. in 4, veau.*

30 A Dictionary of the English Language, by Sam. Johnson. *London, Millar,* 1765, *2 vol. in fol. v. éc.*

31 Rob. Ainfworth's Dictionary, English and Latin, by Th. Morell. *London, Bathurft,* 1773, *2 vol. in 4, cuir de Ruffie.*

32 An Abridgment of the Ainfworth's Dictionary, English and Latin. *London, Bathurft,* 1774, *in 8, bro.* —— The fame. 1774, *in 8, m. v.*

R H É T H O R I Q U E.

Rhéteurs & Orateurs.

33 Dionyfii Longini quæ fuperfunt, gr. & lat. ex recenfione Jo. Toup. *Oxonii,* 1778, *in 4,* Ch. Mag.

34 Lyfiæ Athenienfis Orationes & Fragmenta, gr. & lat. ex recenfione & cum notis Jo. Taylor. *Londini, Bowyer,* 1739, *in 4,* Ch. Mag. *cuir de Ruffie. Liber Rariffimus.*

35 Demofthenis Opera gr. & lat. ex recenfione Jo. Taylor. *Cantabrigiæ, Typ. Academicis,* 1748, *2 vol. in 4,* Ch. Mag. *cuir de Ruffie.*

36 Ælii Ariftidis orationes, gr. & lat. ex recenfione & cum notis Samuelis Jebb. *Oxonii, è Th. Sheldoniano,* 1722, *2 vol. in 4,* Ch. Mag. *M. R. Liber Rariffimus.*

37 M. Tullii Ciceronis Opera omnia, curis Jofephi Oliveti. *Parifiis, Coignard,* 1740, *9 vol. in fol.* Ch. Max. *cuir de Ruffie. Exemplar Elegans & Eximiæ Raritatis.*

38 M. Fabii Quintiliani Opera omnia , cum no-
notis Per. Burmanni. *Lugd. Bat. Severinus ,*
1720, *2 vol. in* 4 *,* CH. MAG. *cuir de Ruſſie.*

POÉTIQUE.

Poëtes Grecs.

39 Homeri Opera omnia , græcè & latinè , ex
recenſione & cum notis Sam. Clarke. *Londini,*
Bentham , 1729, *4 vol. in* 4, CH. MAG. *M. R.*
Liber Rariſſimus.

40 Ejuſdem Homeri Opera omnia , græcè. *Glaſ-*
guæ , Foulis , 1756, *2 vol. in fol.* CH. MAG.
M R. l. r. dent.

41 Apollonii Sophiſtæ Lexicon Homericum , ex
recenſione & cum notis Jo. Caſp. d'Anſſe de
Villoiſon. *Lutetiæ Pariſiorum , Molini ,* 1773,
2 vol. in fol. CH. MAX. *M. R.*

42 Heſiodi Aſcræi Opera , gr. & lat. ex recenſione & cum notis Th. Robinſon. *Oxonii , è*
Th. Sh ldoniano , 1737 , *in* 4, CH. MAG. *cuir*
de Ruſſie. Liber Rariſſimus.

43 Orphœi Argonautica, gr. & lat. cum notis variorum, ex recenſione Scaligeri. *Traj. ad Rhen.*
1689 , *in* 8 *, vél.*

44 Anacreontis Carmina græcè & latinè, edente
Jo. Corn. de Paw. *Trajecti ad Rhenum, Kroon,*
1732 , *in* 4 , CH. MAG. *cuir de Ruſſie.*

45 Æſchyli Tragœdiæ , græcè & latinè, ex recenſione & cum notis Jo. Corn. de Paw. *Hagæ*
Comitum , G ſſe, 1745, *2 vol. in* 4, CH. MAG.
cuir de Ruſſie.

46 Theocriti Idyllia , gr. & lat. ex recenſione &

cum notis Th. Warton. *Oxonii, è Typ. Clarendoniano,* 1770, 2 *vol. in* 4, Ch. Mag. *cuir de Ruffie.*

Poëtes Latins.

47 Pub. Terentii Comœdiæ, curante Arn. H. Wefterhovio. *Hagæ Comitum,* 1726, 2 *vol. in* 4, Ch. Mag. *cuir de Ruffie.*

48 Idem Terentius. *Typis Baskerville,* 1772, *in* 12, *m. r.*

49 Idem Terentius. *Birminghamiæ, Baskerville,* 1772, *in* 4, *m. r.*

50 Titi Lucretii Cari de rerum naturâ libri VI. *Birminghamiæ, Baskerville,* 1770, *in* 12, *m. r.*

51 Idem Lucretius. *Birminghamiæ, Baskerville,* 1772, *in* 4, *m. r.*

52 Catulli, Tibulli & Propertii Opera. *Birminghamiæ, Baskerville,* 1772, *in* 4, *m. r.*

53 Eorumdem Catulli, Tibulli & Propertii Opera. *Birminghamiæ, Baskerville,* 1772, *in* 12, *m. r.*

54 Pub. Virgilii Maronis Opera, ex recenfione Pet. Burmanni. *Amftelod. Wetftein,* 1746, 4 *vol. in* 4, Ch. Mag. *cuir de Ruffie.*

55 Publii Virgilii Maronis Opera. *Birminghamiæ, Baskerville,* 1757, *in* 4, *cuir de Ruffie. Prima Editio.*

56 Idem Virgilius. *Birminghamiæ, Baskerville,* 1757, *in* 4, *m. r. Secunda Editio.*

57 Idem Virgilius, cum verfione italicâ Ant. Ambrogi, & figuris æri incifis. *Romæ,* 1763, 3 *vol. in fol. m. r.*

58 Idem Virgilius. *Birminghamiæ, Baskerville,* 1766, *in* 8, *vél.*

A iv

59 Q. Horatii Flacci Carmina cum notis Rich. Bentleii. *Amstelodami*, 1728, *in* 4, Ch. Mag. *cuir de Russie.*

60 Idem Q. Horatius. *Birminghamiæ, Baskerville*, 1762, *in* 12, *m. r.*

61 Idem Q. Horatius. *Birminghamiæ, Baskerville*, 1770, *in* 4, *m. r.*

62 Les Œuvres d'Horace traduites en françois par le P. Sanadon. *Paris*, 1756, 8 *vol. in* 12, *v. f.*

63 Pub. Ovidii Nasonis Opera, ex recensione & cum notis Pet. Burmanni. *Amstelodami, Wetstein*, 1727, 4 *vol. in* 4, Ch. Mag. *cuir de Russie.*

64 Les Métamorphoses d'Ovide en latin, avec la trad. françoise, & les remarques de l'Abbé Banier & des figures de B. Picart. *Amsterd. Wetstein*, 1732, 2 *vol. in fol. m. r.*

65 Les mêmes, avec les figures de MM. le Mire & Basan. *Paris, Prault*, 1767, 4 *vol. in* 4, *m. r.*

66 L. Annæi Senecæ Tragœdiæ, curante Casp. Schrodero. *Delphis, Beman*, 1628, *in* 4, Ch. Mag. *cuir de Russie.*

67 Caii Silii Italici Punicorum Libri XVII, ex recensione Arn. Drakenborch. *Trajecti ad Rhenum, Vande Water*, 1717, *in* 4, Ch. Mag. *m. r. Liber Rarissimus.*

68 Decii Junii Juvenalis & Auli Persii Flacci Satyræ. *Birminghamiæ, Baskerville*, 1761, *in* 4, *m. r.*

69 Cl. Claudiani quæ extant cum notis variorum, edente P. Burmanno. *Amstelodami, Schouten*, 1760, *in* 4, Ch. Mag. *cuir de Russie.*

70 M. Manilii Aſtronomicon , cum notis Rich.
Bentleii. *Londini , Woodſall , 1739 , in 4 ,*
Ch. Mag. *cuir de Ruſſie.*

Poëtes François.

71 Nouvelles en vers par Jean de la Fontaine.
Amſterdam , 1762 , 2 vol. in 8 , fig. m. r.
72 Œuvres de Nicolas Boileau Deſpréaux. *Par.
veuve Alix , 1740 , 2 vol. in 4 , cuir de Ruſſie.*
73 Œuvres de Jean Baptiſte Rouſſeau publiées
par l'Abbé Segui. *Bruxelles , 1743 , 3 vol.
in 4,* Gr. Pap. *veau.*
74 Les Fables de M. Dorat. *La Haye , 1772 ,
in 8 , v. f. d. f. tr.*
75 Le Jugement de Pâris , Poëme , par M. Im-
bert. *Amſterd. 1772 , in 8 , gr. pap. fig. v. f.*

Poëtes Dramatiques François.

76 Œuvres de Pierre Corneille , avec les Com-
mentaires de M. Voltaire. *Geneve , 1764 ,
12 vol. in 8 , veau.*
77 Les mêmes Œuvres de Pierre Corneille. *Geneve , 1774 , 8 vol. in 4 , bro.*
78 Les Œuvres de Moliere. *Paris , 1734 , 6
vol. in 4 ,* Gr. Pap. *cuir de Ruſſie.*
79 Œuvres de Jean Racine. *Paris , 1760 , 3 vol.
in 4 , fig. cuir de Ruſſie.*
80 Œuvres dramatiques de Nericault Deſtou-
ches. *Paris , Imprim. Royale , 1757 , 4 vol.
in 4 , veau.*
81 Les Œuvres de Jolyot de Crébillon. *Paris ,
1750 , 2 vol. in 4 , m. r.*

Poëtes Anglois.

82 The Works of Geoffrey Chaucer, compared
with the former editions , by John Urry.
London , Lintot , 1721 , in fol. CH. MAG. *fig.*
v. éc. the best Edition.

83 The Faerie Queen, by Edmund Spenser.
London , Brindley , 1751 , 3 vol. in 4 , fig.
v. f. CH. MAG.

84 The Works of Shakespear , by Pope and
Warburton. *London , Knapton , 1747 , 8 vol.*
in 8 , v. f.

85 Milton's Works , with notes, by Th. Newton.
London , Tonson , 1750 , 4 vol. in 8 , fig.
v f.

86 Hudibras , by Sam. Butler , with notes
by Zach. Grey. *Dublin , Exhaw , 1757 , 2 vol.*
in 8 , fig.

87 Poems on several occasions , by Prior. *Lon-*
don , Tonson , 1718 , in fol. CH. MAG. *v. éc.*
Superbe Edition.

88 The Works of Will. Congreve. *London ,*
Tonson , 1710 , 3 vol. in 8 , v. f.

89 Poems on several occasions , by Th. Parnell.
London , Tonson , 1747 , in 8 , v. f.

Mythologie.

90 Mythographi Latini , ex recensione Aug.
van-Sraveren. *Lugd. Bat. Luchtmans , 1742 ,*
2 vol. in 4 , CH. MAG. *fig. cuir de Russie.*

Poésie Prosaïque.

Facéties, Plaisanteries, &c.

91 Œuvres de Maitre François Rabelais , avec des Remarques par M. le Duchat. *Amsterdam,* 1741 , 3 *vol. in* 4 , *fig. de Picart.* GR. PAP. *cuir de Russie.*

Romans.

92 Longi Pastoralium de Daphnide & Chloe libri IV, gr. & lat. ex recensione & cum notis Jo. Bapt. Casp. d'Ansse de Villoison. *Parisiis, de Bure ,* 1778 , 2 *vol. in* 4 , CH. MAG. *In albis. Editio Præstans.*

93 Les Amours Pastorales de Daphnis & Chloé trad. en françois par Jacques Amyot avec les figures du Régent. *Paris ,* 1718 , *in* 8 , *m. r.*

94 Les mêmes Amours Pastorales de Daphnis & Chloé trad. par Jacques Amyot , avec les mêmes figures du Régent. *Paris ,* 1757 , *in* 4. *cuir de Russie.*

95 Don Quixotte de la Mancha , por Miguel de Cervantes. *Londra, Tonson,* 1738 , 4 *vol. in* 4 , *fig. cuir de Russie.*

96 Les Principales Aventures de Don Quichotte. *La Haye,* 1746 , *in* 4 , *fig. de Picart. Cuir de Russie.*

97 The Life and Exploits of Don Quixote de la Mancha , translated from Spanish of Miguel Cervantes de Saavedra, by Charles Jarvis. *London , Tonson,* 1756 , 2 *vol. in* 4 , CH. MAG. *fig v. m.*

98 Bibliotheque de campagne. *Lyon, Duplain,* 1766, 24 *vol. in* 12, *v. m.*

Satyres, Invectives.

99 Titi Petronii Arbitri Satyricon, ex recensione Pet. Burmanni. *Amstelodami, Waesberge,* 1743, 2 *vol. in* 4, Ch. Mag. *cuir de Russie.*

Polygraphes.

100 Luciani Opera omnia, gr. & lat. edente Tib. Hemsterhuisio. *Amstelodami, Wetstein,* 1743, 4 *vol. in* 4, Ch. Mag. *cuir de Russie.*

101 Philostratorum Opera, gr. & lat. ex recensione & cum notis Got. Olearii. *Lipsiæ, Fristch,* 1709, 2 *vol. in fol.* Ch. Mag. *cuir de Russie.*

102 Essais de Michel de Montaigne. *Londres, Tonson,* 1724, 3 *vol. in* 4, *veau.*

103 Œuvres de Bernard le Bouvier de Fontenelle. *Amsterdam,* 1728, 3 *vol. in fol. fig. de Picart, m. r.*

104 Œuvres d'Algaroti. *Berlin,* 1772, 8 *vol. in* 12, *veau.*

105 Swift's Works. *Dublin, Faulkner,* 1742, 8 *vol. in* 8, *v. b.*

106 The Works of Alex. Pope, with notes, by Warburton. *London, Tonson,* 1752, 9 *vol. in* 8, *fig. v. f.*

107 The Works of Alexander Pope, with the commentaries and notes by Owen Ruffhead. *London, Baturst,* 1769, 5 *vol. in* 4, Ch. Mag. *v. m.*

Epiſtolaires.

108 Lettres de Madame de Sévigné. *Par.* 1763, 8 *vol. in* 12 *, veau.*

HISTOIRE.

Géographie.

109 Dictionnaire Géographique de Baudran, par Maty. *Amſterdam,* 1701 *, in* 4 *, veau.*
110 Introduction à la Géographie & à l'Aſtronomie, ou Atlas de Samſon. *Amſterdam, Mortier,* 2 *vol in fol. max. cartes enluminées , cuir de Ruſſie.*
111 Atlas Géographique, par Robert de Vaugondy. *Paris , Boudet , in fol.* Gr. Pap. *cuir de Ruſſie.*
112 Atlas Topographique de Julien. *Paris ,* 1758 *, in fol. m. r.*
113 Indicateur fidele des routes de la France. *Par.* 1767 *, in* 4 *, cuir de Ruſſie.*
114 A Topographical deſcription of the British Colonies in North America , by T. Pownall. *London , Almon ,* 1776 *, in fol. v. m.*

Hiſtoire Univerſelle.

115 Diſcours ſur l'Hiſtoire Univerſelle par M. Boſſuet. *Paris ,* 1732 *, in* 4 *, veau.*
116 Introduction à l'Hiſtoire de l'univers, de Puffendorff, par M. de Grace. *Paris , Mérigot ,* 1753 *,* 8 *vol. in* 4 *,* Gr. Pap. *m. r.*

117 Jac. Augusti Thuani Historiæ. *Londini,
Buckley,* 1733, 7 *vol. in fol.* Ch. Max. *cuir
de Russie.*

*Histoire ancienne des Babyloniens, des Assy-
riens & des Grecs.*

118 Dictys Cretensis de bello Trojano, & Dares
Phrygius de excidio Trojæ, cum interpreta-
tionibus & notis Annæ, Tanaquilli Fabri
filiæ, in usum Delphini. *Parisiis,* 1680,
in 4, *m. r.*

119 Herodoti Historiæ, græcè & latinè, edente
Pet. Wesselingio. *Amstelodami, Schouten,*
1763, *in fol. cuir de Russie.*

120 Thucydidis Historiæ, gr. & lat. curante
And. Dukero. *Amstelodami, Wetstein,* 1731,
2 *vol. in fol.* Ch. Mag. *cuir de Russie.*

121 Quinti Curtii Rufi Historiæ, ex recensione
H. Snakemburg. *Delphis, Beman,* 1724,
2 *vol. in* 4, Ch. Mag. *cuir de Russie.*

122 Histoire ancienne par M. Rollin. *Paris,
Estienne,* 1740, 6 *vol. in* 4, Gr. Pap. *veau.*

Histoire Romaine.

123 Titi Livii Historiæ, ex recensione & cum
notis Jo. Bapt. Lud. Crevier. *Parisiis, Quil-
lau,* 1735, 6 *vol. in* 4, Ch. Mag. *cuir de
Russie.*

124 C. Sallustii Crispi Historiæ, ex recensione
Sigiberti Havercampi. *Ultrajecti,* 1742, 2 *vol.
in* 4, Ch. Mag. *cuir de Russie.*

125 Idem Sallustius. *Birminghamiæ, Baskerville,*
1773, *in* 4, *m. r.*

126 Idem Salluſtius. *Birminghamiæ, Baskerville,* 1774, *in* 12 , *m.*

127 Caii Julii Cæſaris Opera , ex recenſione Samuelis Clarke. *Londini , Tonſon ,* 1712, *in fol.* CH. MAX *fig. cuir de Ruſſie. Exemplar Elegans Libri Rariſſimi.*

128 Ejuſdem Cæſaris quæ extant , edente Fr. Oudendorpio. *Lugd. Bat. Luchtmans ,* 1737, 2 *vol. in* 4, CH. MAG. *cuir de Ruſſie..*

129 C. Cornelii Taciti Hiſtoriæ , ex recenſione & cum notis Gab. Brotier. *Pariſiis , Delatour ,* 1771 , 4 *vol. in fol.* CH. MAX. *M. R.*

130 Ejuſdem Taciti Hiſtoriæ , ex recenſ. Gab. Brotier. *Pariſ. Delatour ,* 1776 , 7 *vol. in* 12, *m. r.*

131 C. Suetonii Tranquilli Opera , ex recenſione Pet. Burmanni. *Amſtelodami ,* 1736 , 2 *vol. in* 4, CH. MAG. *cuir de Ruſſie.*

132 Hiſtoire Romaine par MM. Rollin & Crevier. *Par. Eſtienne ,* 1752 , 8 *vol. in* 4, GR. PAP. *veau.*

133 Hiſtoire des Empereurs Romains par Crevier. *Paris ,* 1750 , 6 *vol. in* 4.

134 The Roman Hiſtory by N. Hooke. *London, Tonſon ,* 1766 , 9 *vol. in* 8 , *v. f.*

Hiſtoire de France.

135 Mémoires & Lettres de Madame de Maintenon. *Amſterd.* 1757 , 15 *vol. in* 12 , *veau.*

Hiſtoire d'Allemagne.

136 Mémoires pour ſervir à l'Hiſtoire de la Maiſon de Brandebourg. *Berlin ,* 1767, *in* 4 , *v.*

Hiſtoire d'Ang'eterre.

137 The new preſent ſtate of Great Britain. *London , Almont , 1766 , in 8 , v b.*

138 The Hiſtory of England by David Hume. *London , Cadell , 1773 , 8 vol. in 8 , bro. en cart.*

139 The Great Charter and Charter of the Foreſt , with other authentic inſtruments , by William Blakſtone. *Oxford , of the Clarendon Preſs , 1759, in fol.* Cii. Mag. *cuir de Ruſſie.*

140 Foedera , conventiones , & cujuſcumque generis acta publica inter Reges Angliæ & alios Reges, Principes, &c. edente Th. Rymer. *Londini , Tonſon , 1727 , 20 vol. in fol. v. éc.*

141 Journals of the Houſe of Lords , beginning anno primo Henrici VIII, ad annum 1681. *12 vol. in fol. broch.*

Cet Ouvrage , qui eſt fort rare , a été imprimé par ordre de la Chambre des Pairs; il ne ſe vend pas; il ſe donne aux Membres de la Chambre-Haute.

142 Journals of the Houſe of Commons , from November the 8e 1547 à 176 . 35 *vol. in fol. ſuperbement reliés par Baumgarthen.*

Cet Ouvrage a été imprimé par ordre , & aux dépens de la Chambre des Communes; il ne ſe vend pas; il eſt fort rare , ainſi que le précédent.

143 A Collection of State Papers of John Thur-
loe, Secretary to the Council of State. *London, Wodward, 1742, 7 vol. in fol. bro.
en carton.*

Histoire Héraldique.

144 Dictionnaire de la Noblesse de France, par
M. de la Chenaye Desbois. *Paris, Boudet,
1770, 12 vol. in 4, veau.*

145 Baronagium Genealogicum, or the pedigris
of the English Peers, by Will. Segar and Jof.
Edmondfon. *London, 1765, 5 vol. in fol.
form. atl. Cet Ouvrage eft fuperbe. Les armoiries
& le difcours font gravés.*

146 The Peerage of England, by Arthur Collins.
*London, Woodfall, 1768, 7 vol. in 8, v. ec.
avec les armoiries des Pairs d'Angleterre.*

147 English, Jrish and Scotch Peerage. *London,
Millar, 1766, 5 vol. in 12, fig. vél. d'Holl.
d. f. tr.*

Antiquités.

148 L'Antiquité expliquée par Dom Bernard de
Montfaucon. *Paris, 1719 & 1723, 15 vol.
in fol.* GR. PAP. *m. r.*

149 Recueil d'antiquités Etrufques, Egyptien-
nes & Romaines, par M. le Comte de Caylus.
Paris, 1761, 7 vol. in 4, M. Cit.

150 Antiquités Etrufques, Grecques & Romaines, par le Chevalier Hamilton. *Naples, 1766,
4 vol. in fol.* très GR. PAP. *fig. coloriées. en
feuilles. Cet Ouvrage eft fuperbe.*

151 Les Ruines des plus beaux monumens de la
Grece, par M. le Roi. *Paris, Guerin, 1758,
in fol. fig. cuir de Ruffie.*

152 Les Ruines de Palmyre, par Wood. *Lond.
Millar,* 1753, *in fol. Cuir de Ruffie.*

153 Les Ruines de Balbec, par Wood. *Londres,*
1756, *in fol. fig. Cuir de Ruffie.*

154 The Antiquities of Athens. *London,* 1762.
in fol. Cuir de Ruffie.

155 Ruins of the Palace of the Emperor Diccle-
tian at Spalatro, by R. Adam. 1764. *in fol.
fig. Cuir de Ruffie.*

156 Les Ruines de Poeftum ou de Pofidonie,
par T. Major. *Londres,* 1768, *in fol. fig.
Cuir de Ruffie.*

157 Ionian Antiquities, by R. Chandler. *Lond.*
1769, *in fol. fig. broc.*

158 Recueil de Médailles, par M. Pellerin. *Par.*
1762, 7 *vol. in* 4, *m. citron.*

159 Raccolta di Statue antiche è moderne, data
in luce da Dominico de Roffi. *In Roma,* 1704,
in fol. Ch. Max. *m. r.*

160 Picturæ Etrufcorum in vafculis, cum expli-
cationibus Jo. Bapt. Pafferii. *Roma, Zempel,*
1767, 1 *vol. in fol. m. r. cum figuris Elegantif-
fime depictis.*

Hiftoire Littéraire.

161 Hiftoire de l'Académie royale des Infcrip-
tions & Belles - Lettres. *Paris, de l'Impri-
merie Royale,* 1756, 35 *vol. in* 4, *fupérieu-
rement reliés en v. m. par Baumgarthen.*

162 Académie Royale des Sciences, depuis
1666 à 1699. 14 vol. depuis 1699 à 1768.
Tables, 7 vol. Machines, 6 vol. Savans Etran-
gers, 5 vol. Prix, 8 vol. Aftronomie de

Caſſini, 2 vol. Aurore boréale, 1 vol. Méridiene de Paris, 1 vol. Géométrie de l'Infini, 1 vol. Voyage de Chabert, 1 vol. Voyage de la Condamine, 2 vol. *Paris, 1733, 118 vol. in 4 ſuperbement reliés en veau marbré, par Baumgarthen.*

163 A View of the Greek and Roman Claſſics, with remarks, by Ed. Harwood. *London, Becket, 1775, in 8, broc.*

Vies des Hommes Illuſtres.

164 Diogenes Laertius de vitis Philoſophorum, gr. & lat. cum obſervationibus & notis Ægidii Menagii. *Amſtelodami, Wetſtenius, 1692, 2 vol. in 4,* Ch. Mag. *fig. Cuir de Ruſſie. Liber Rariſſimus.*

Extraits Hiſtoriques.

165 Cl. Æliani variæ Hiſtoriæ, græcè & latinè, curante Abrahamo Gronovio. *Lugd. Bat.* 1731, 2 *vol. in 4,* Ch. Mag. *Cuir de Ruſſie.*

166 Valerii Maximi dictorum factorumque memorabilium Libri IX, ex recenſione Ab. Torrenii. *Leydæ, 1726, in 4,* Ch. Mag. *Cuir de Ruſſie.*

167 Dictionnaire Hiſtorique par une Société de Gens de Lettres. *Paris, le Jay, 1772, 6 vol. in 8, m. r.*

Lu & approuvé. A Paris ce 9 Novembre, 1779.
Gogué, Adjoint.

La vente des Livres rares & précieux du cabinet de M. L. C. de M. ***, se fera le lundi 17 Janvier 1780 & jours suivants, trois heures de relevée, en la nouvelle Salle de l'Hôtel de Bullion, rue Plâtriere. Les livres seront exposés dans l'ordre qui suit :

Lundi 17 Janvier 1780.

Théologie,	N°. 38		50
Jurisprudence,	340	———	356
Sciences & Arts,	373	———	386
Belles-Lettres,	574	———	606
Histoire,	1042	———	1058

Les Numéros 341, 375, 380 & 587 seront vendus à la fin de la vacation.

Mardi 18.

Théologie,	51	———	60
Jurisprudence,	357	———	372
Sciences & Arts,	387	———	404
Belles-Lettres,	608	———	641
Histoire,	1069	———	1093

Les Numéros 357, 360 & 626, seront vendus à la fin de la vacation.

Mercredi 19.

Théologie,	61	———	88
Sciences & Arts,	405	———	419
Histoire,	1094	———	1120
Belles-Lettres,	642	———	676

Les Numéros 64, 412 & 413, seront vendus à la fin de la vacation.

Jeudi 20.

Sciences & Arts,	420	———	433
Théologie,	89	———	114

Jeudi 20.

Belles-Lettres,	677	———	712
Hiſtoire,	1121	———	1147

Les Numéros 426, 698 & 699, feront vendus à la fin de
de la vacation.

Vendredi 21.

Sciences & Arts,	434	———	448
Théologie,	115	———	143
Hiſtoire,	1148	———	1174
Belles Lettres,	713	———	747

Les Numéros 119, 121, 126, 127, 128, 1152, 1171
& 1174, feront vendus à la fin de la vacation.

Samedi 22.

Sciences & Arts,	449	———	462
Belles-Lettres,	748	———	782
Hiſtoire,	1175	———	1199
Théologie,	1	———	20

Les Numéros 450, 778 & 1177, feront vendus à la fin
de la vacation.

Lundi 24.

Sciences & Arts,	463	———	477
Hiſtoire,	1200	———	1226
Belles Lettres,	783	———	816
Théologie,	21	———	37

Les Numéros 473, 1202, 1203 & 1205, feront vendus
à la fin de la vacation.

Mardi 25.

Belles-Lettres,	817	———	851
Sciences & Arts,	478	———	491
Théologie,	144	———	173
Hiſtoire,	1020	———	1041

Les Numéros 835, 841, 478, 481, 485, 486 & 488,
feront vendus à la fin de la vacation.

Mercredi 26.

Sciences & Arts,	492	——— ———	505
Théologie,	174	——— ———	193
Histoire,	1227	——— ———	1289
Belles-Lettres,	559	——— ———	573

Les Numéros 498, 500, 501 & 1236, seront vendus à la fin de la vacation.

Jeudi 27.

Théologie,	194	——— ———	224
Sciences & Arts,	506	——— ———	519
Belles-Lettres,	852	——— ———	900
Histoire,	1290	——— ———	1305

Les Numeros 196, 197 & 511, seront vendus à la fin de la vacation.

Vendredi 28.

Théologie,	225	——— ———	252
Sciences & Arts,	520	——— ———	533
Belles Lettres,	901	——— ———	951
Histoire,	1306	——— ———	1330

Les Numéros 522, 526, 530 & 936, seront vendus à la fin de la vacation.

Samedi 29.

Théologie,	253	——— ———	290
Sciences & Arts,	534	——— ———	545
Belles-Lettres,	952	——— ———	986
Histoire,	1331	——— ———	1352

Les Numéros 545 & 982, seront vendus à la fin de la vacation.

Lundi 31.

Théologie,	291	——— ———	339
Sciences & Arts,	546	——— ———	558
Belles-Lettres,	937	——— ———	1019
Histoire,	1353	——— ———	1375

Les Numéros 306 550, 558, 1000 & 607, *Ciceronis offi-ciorum Libri* 3, *Moguntiæ*, 1466, *in-fol. M. R.*, seront vendus a la fin de la vacation.

Mardi 1 Février.

Numéros 3, 4, 5, 6, 9, 12, 13, 14, 16, 21, 28,
29, 31, 32, 33, 43, 48, 50, 53, 58, 60, 62, 71,
72, 73, 74, 75, 76, 77, 81, 93, 94, 89, 88,
86, 85, 84, 83, 82, 87, 97, 98, 104, 105,
106. 107, 108, 109, 113, 114, 115, 24, 122,
132, 133, 134, 135, 136, 163, 167, 137, 138,
139, 140, 143, 144, 147, 146, 145, 141, 142,
151, 149, 148, 150, 160, 159, 157, 158, 1,
2, 161, 162.

Jeudi 3.

126, 130, 7, 30, 80, 78, 79, 102, 103, 22, 25,
26, 44, 27, 34, 35, 36, 38, 41, 42, 45, 46,
47, 49, 51, 52, 54, 55, 56, 57, 59, 61, 63,
64, 65, 66, 67, 68, 69, 70, 90, 91, 92, 95,
96, 99, 100, 101, 110, 111, 112, 17, 18, 19,
20, 10, 11, 8, 23, 116, 118, 119, 120, 121,
123, 124, 125, 128, 131, 152, 153, 154, 155,
156, 165, 166, 39, 40, 164, 117, 129, 127,
87, 15.